굴뚝 제2호
선 택

소개글

    우리는 무언가를 간절히 하고 싶을 때 '~하고 싶은 마음이 굴뚝같다'라고 말합니다. 각자가 품고 있는 굴뚝같은 마음을 세상에 표현하고자 『굴뚝』을 펴냅니다.

    거대한 하나의 사회 속에서 개인의 굴뚝에 불을 지피기란 몹시 어려운 일입니다. '현실적으로'라는 말 앞에서 개인의 굴뚝은 움츠러들고 맙니다. 『굴뚝』은 매호 하나의 주제를 정하여 문학, 영화, 장소 등 각자의 관심 매체와 함께 저마다의 굴뚝에 마음껏 불을 지피고자 합니다. 흥미로운 작품과 연결된 우리들의 이야기는 『굴뚝』에 담겨 세상으로 연기를 뿜어낼 것입니다.

    굴뚝이 실내의 연기를 밖으로 내보내듯이, 『굴뚝』은 당신 마음 깊은 곳에 숨어있는 진심을, 당신이 꿈꾸는 이상을 세상에 내보일 수 있도록 돕고 싶습니다. 그렇게 우리는 함께 더 나은 세상을 만들어갈 수 있을 것입니다!

차례

소개글 | 003

프롤로그 | 007

1부 | 삼각관계: **모순, 머티리얼리스트** | 013
    편안함과 설렘 사이: **우리도 사랑일까** | 023
    후회와 그리움: **먼 훗날 우리** | 031
    비극과 희극: **우미인초** | 041

2부 | 배척과 공존: **애니멀 킹덤** | 051
    꿈의 대가: **애드 아스트라** | 059
    무한한 가능성: **미스터 노바디** | 067
    불가능한 선택과 자유의 관계: **매트릭스** | 077

에필로그: VS | 087

등장작품: 책 속 책 | 092

프롤로그

몇 해 전, 처음으로 사랑에 대해 이야기하는 책이 사랑 이야기로 읽히지 않는 경험을 했다. 새로웠다. 나는 그 책이 '선택'에 대해 이야기하고 있다고 느꼈다. 그러니까 사랑도, 꿈도, 인생도 어쩌면 전부 선택에 대한 이야기였다.

선택은 행동 바로 앞에 오는 단어이다. 어떤 선택을 하겠냐는 질문은 다시 말해 어떤 행동을 하겠냐고 묻는 질문이다. 그리고 ***'나를 정의하는 건 생각이 아니라 행동'*[1]** 이라는 배트맨의 명대사처럼 내가 하는 선택이 결국 내가 어떤 사람인가를 말한다.

우리가 각종 만약에 & 밸런스 게임에 열을 올리며 떠드는 일도—다소 극단적인 상황을 가정하긴 하지만—어떤 선택을 하겠

---

1 「배트맨 비긴즈」, 크리스토퍼 놀란 감독, 워너 브라더스 배급, 2005, 레이첼의 말을 인용한 브루스의 대사.

나는 질문을 통해 나와 상대방을 알아가는 꽤나 아름다운 시간이라고 할 수 있다.

누군가가 정성스레 그려낸 세계관을 바탕으로 떠드는 일은 더 재미나다. 원한다면 얼마든지 주인공에 몰입할 수도, 전지적 시점으로 전체를 관망할 수도 있다. 이번 호는 소설을 읽고 영화를 보며 선택에 대한 온갖 수다를 담고자 했다.

요즘 내가 선택을 주제로 가장 많이 하는 생각은 '현실 대 이상'이다. 소설 **'레볼루셔너리 로드'**에서 7년째 '한심할 정도로 지루한 직장'에서 '여느 가장처럼 책임감이 있다는 걸 증명' 중인 프랭크는 이렇게 말한다.

"내 말은 이 염병할 교외 주택가 타입의 좀스러운 사람들 틈바구니에서 '살아가는' 일이 지독하게 힘들다는 거지. 그런 축에는 캠벨 부부도 속하는 거고. 솔직히 말하면 그래. 이 인간들 틈에서 살아가야 한다는 게 지독히 힘들단 말이야. 한통속으로 좀스럽고 무능하고 얼간이 같은 인간들 틈에서 다치지 않고 살아가는 거 말이지. 당신 생각은 어때?"[2]

그런 그에게 아내 에이프릴은 이번 가을에 유럽으로 영원히 떠

---

2 리처드 예이츠, 『레볼루셔너리 로드』(1961), 유정화 옮김, 노블마인, 2009, 44쪽.

나자고 제안한다. 돈을 버는 일은 자신이 할 테니 프랭크는 '이미 7년 전에 그렇게 하도록 허용되었으면 좋았을 일', '그 자신을 찾는 일'을 하라고. 계획을 들은 이웃들은—사실 프랭크도—내심 그건 '비현실적'이라고 생각한다. 그 계획을 제대로 이해하는 사람은 '공식적으로 미쳤다고 입증된' 존뿐이다.

> *"이제야 말이 통하는군. 이제야 그 말을 하는군요. 절망적인 공허. 우라질, 많은 사람이 그 공허 부분은 감지하고 있어요. 내가 일하던 저쪽, 서부에서 우리가 늘 얘기한 주제는 온통 그거였죠. 우리는 죽치고 앉아서 밤이 새도록 공허에 대해 얘기했어요. 그러나 그 누구도 '절망적'이란 말은 한 적이 없어요. 그 지점에서는 겁이 나서 발뺌을 한 거죠. 공허를 보려면 어느 정도 용기가 필요할 거예요. 그러나 절망을 보려면 훨씬 더 많은 용기가 필요하죠. 그런데 당신은 이제 그 절망을 제대로 본 것 같으니 떠나는 수밖에 달리 할 일이 없겠군요. 할 수 있다면 말이죠."[3]*

그러나 7년 전에도 지금도 프랭크는 그런 일을 할 수 있는 사람이 아니다. 사실 하고 싶지도 않다. 이 오래되고 절망적인 공허 속에서 사는 게 더 안락하다고 여긴다. 그는 임신을 핑계삼아 계획을 무산시킨다. 그리하여 아래와 같이 생각했고, 행동하기로 결심했던 에이프릴의 결말은 여지없는 죽음이다.

---

3 같은 책, 276쪽.

> "오, 프랭크. 당신은 정말로 예술가나 작가만이 자기 고유의 삶을 살아갈 자격이 있다고 생각해요? (…) 내가 지금 뭘 말하는지 모르겠어요? 명백하게 가늠할 만한 재능 같은 거랑은 전혀, 아무 상관도 없어요. 여기서 숨 막히는 게 바로 당신의 '본질'이란 말이에요. 이런 유형의 삶에서는 *거부당하고* 또 *거부당하고* 또 *거부당하는* 것이 바로 당신의 진실한 모습이라고요."[4]

옮긴이는 작가가 '(미국의) 꿈과 이상, 정신이 물질을 숭배하는 자본주의의 물결에 휩쓸려 스러져가는 파국적인 상황'을 프랭크와 에이프릴의 삶을 통해 그려냈다고 설명한다. 이 소설이 발표되고 60년이 넘는 세월이 흘렀다. 체제와 규범이 더욱 견고해진 탓에 소설 속 표현이 상당히 적나라하게 느껴진다. 이젠 자본주의 논리에 조금이라도 어긋나면 '현실을 모르는' 몽상가 취급을 받는 상황이다.

그럼에도 현실과 이상 사이의 갈등은 지극히 고전적인 주제이다. 우리 내면에는 프랭크와 에이프릴, 둘 다 있으니까. 착실하고 안정되게 살고 싶은 마음 그리고 정확히 무엇을 향해 가는지 모른다 해도 이건 아니라는 느낌만은 확실하여 더 나을 거라고 생각하는 무엇을 향해 내달리고 싶은 마음. 심연에서 피어나는 의문들을 모른 척 잠재우고 싶은 마음 그리고 정면으로 직시해 답을 찾아

---

4 같은 책, 171쪽.

나가고 싶은 마음.

　여기서 '현실 대 이상'이 정말 '선택의 문제'냐고 묻는다면 나도 잘 모르겠다. 지금부터는 ― 내 기준 ― 나름 현실적인 이야기다.

　작품에는 중대한 선택의 기로에 놓인 주인공이 한번쯤은 등장하기 마련이다. 그리고 대개는 아무리 환경적인 제약이 있다 해도 선택함에 있어 가장 중요하게 작용하는 요소는 주인공의 의지이다. 하지만 현실에서는 내가 원하는 대로 선택할 수 있다는, 언젠가는 당연했던 그 믿음이 사라진지 오래다. 내 뜻대로만 선택할 수 없을뿐더러, 선택했다 하여도 늘 예기치 못한 일은 일어나고 인생은 내 선택대로만 흘러가 주지 않는다.

　그런 내 인생을, 그리고 내 인생보다 더 넓은 세상을 진정 겸허한 자세로 받아들인다면 좌절해서는 안 된다고 생각한다. 어찌할 수 없는 것들을 내려놓는 것과 어찌할 수 있는 것들까지 놓아 버리는 건 분명 다르니까. 그리고 거기서 조금 더 나아간다면 영화 **'에브리씽 에브리웨어 올 앳 원스'**(2022, 다니엘스 감독)에서 세상은 잔인하고 우린 쳇바퀴 돌듯 살 뿐이란 걸 알면서도 다정하기를 선택한 웨이먼드처럼, 영화 **'매트릭스 3: 레볼루션'**(2003, 더 워쇼스키스 감독)에서 질 걸 알면서도 마지막 순간까지 싸우기를 선택한 시온의 사람들처럼 우리도 그런 선택을 할 수 있지 않을까.

이번 호를 만들고 나니 다음부터는 조금이라도 더 용기 있고, 따듯하고, 현명한 선택을 할 수 있을 것만 같은 기운이 샘솟는… 척을 해 본다. 정말로 그럴 수 있다면 좋겠다.

1부
첫 번째 이야기

삼각관계:
소설 '모순'과 영화 '머티리얼리스트'
정영진과의 대화

소설 '모순'은 내 인생을 위해 내 생애를 바치겠다는 진진의 부르짖음으로 시작한다. 진진은 자기 삶의 부피를 늘려줄 만한 어떤 일로 결혼에 빠져 보는 것을 선택한다.

> 빈약한 인생을 걱정한다면 지금의 나로서는 결혼에 빠져보는 것도 하나의 방법일 수 있다. 어리석은 판단에 사로잡히지 않는다는 보장만 있다면, 많은 시간 충분한 검토를 거치겠다는 각오만 열렬하다면 말이다.[1]

'모순'을 영진과 대화하고 싶었던 이유가 있다. 우리가 친구들과 함께 이 소설에 대해 얘기했을 적에, 나라면 누구를 선택할 것이냐는 질문에 영진은 망설이지 않고 장우라고 답했다. 그러면서 '장우가

---

1 양귀자, 『모순』(1998), 쓰다, 2013, 17-18쪽.

좋은 사람!'이라고 분명하게 말하는 모습이 인상적이었다.

영진: 영규는 자기가 좋아하는 사람의 말을 안 듣는다. 자기만의 계획을 관철시키려 상대방을 밀어붙이기만 한다. 좋아한다고 말은 하지만 그가 하는 행동을 보면 진진이를 진정으로 좋아하는 게 아니라 진진이 정도면 괜찮다고, 자기 마음대로 할 수 있다고 생각해서 옆에 앉혀 두는 느낌이다.

> *그런데 그것도 모두 미리 짜놓은 인생계획서대로 움직인 것이라면? 여자에게 샌드위치를 먹인다, 약 한 달간 매일 함께 먹는다, 그리고 말한다, 자꾸 좋아지는 것 같다고 말한다, 라고 메모하고 있었던 일이라면······.*[2]

우리가 느낄 수 있는 둘 사이의 서사도 없고, 진진이가 느끼는 그들 사이의 서사도 없다. 그렇게 영규는 아웃.

그리고 나는 영규와 비교했을 때 장우가 괜찮다고 생각하는 걸 넘어 그냥 장우 자체가 좋은 사람이라고 생각한다. 우선 자신의 소신대로 꿋꿋하게 살아간다. 그런 사람 정말 잘 없다! 또한 연인을 자기 삶의 일부로 취급하지 않고 자기 삶의 반을 할애하는 자세로 대한다. 배려심도 넘친다. 그러니 나는 당연히 장우!

---

2 같은 책, 163쪽.

영진 이야기를 듣고 나니 전에 읽었을 때는 별 생각 없이 넘어갔던 부분에서 멈추게 된다. 세상 모든 희미한 존재를 사랑하는, 그리고 사랑하는 존재에게 간신히 희미한 선 하나를 긋는 장우. 책장을 빠르게 넘기며 읽다가는 놓칠지도 모르지만 천천히 읽는다면, 읽으면 읽을수록 좋다. 그리고 나는 장우가 좋은 사람이라고 말하는 영진이 좋다!

김장우는 흰 꽃을 좋아한다. 산과 들에 피는 야생화들을 다 사랑하지만 그래도 자기를 가장 압도하는 꽃은 흰색이라고 했다. 그는 이번에도 봄에 피는 야생화 중에서 흰 꽃만을 찍어봤다고 했다. 큰들별꽃을 찍느라고 필름을 다섯 통도 더 썼다면서 김장우는 그 사진을 계속 만지작거렸다. 나는 김장우의 마음을 눈치챘다.

"큰들별꽃 사진, 나 주세요."

"안진진한테도 이 꽃이 감동을 주었나?"

"아직 눈물이 글썽거려질 정도는 아니지만."

"좋아. 가져."

"실꽃풀하고 흰젖제비꽃도 주세요."

"이것도?"

"안진진한테 주려고 가져온 것 다 알아요. 작품사진 들고 온 것, 이번이 처음이잖아요."

"좋아하면 줄까 해서 들고 왔지……."[3]

---

3   같은 책, 103-104쪽.

이제 진진의 선택에 대해 이야기해 보자. 진진은 스스로의 생과 함께 일란성 쌍둥이인 엄마와 이모의 생을 관찰한다. 그러면서 아버지 같은—그리고 진진이 자신을 아버지 같게 만드는—장우와 이모부 같은 영규, 두 남자 중 누구와 결혼할지 고민한다.

내가 장우를 좋은 사람, 영규를 안 좋은 사람이라고 판단한 것과는 다르게 진진의 선택은 '부모님처럼 살기 싫다'의 결과라고 생각한다. 엄마와는 다르게 살려고 영규를 선택했다. 이모의 끝을 봤음에도 엄마는 엄마고, 어쨌든 이모는 엄마보다 먼 사람이니까.
    나도 부모님과 똑같이 살고 싶지 않다는 생각에 동의한다. 진진의 경우에는 그 생각이 결혼과 엮여 있고 시대적으로 결혼이 인생 전체를 좌우하는 일로 여겨지는데 나는 결혼에 대해 그렇게 생각하지 않기 때문에 조금 다른 얘기일 수는 있다. 나는 부모님과 닮아 있는 나의 단점을 극복하려면 부모님과 다르게 살아야 한다는 생각을 한다.

영진의 그런 사고가 내가 평소에 영진을 주체적이라고 느끼는 이유 중 하나가 되는 것 같다. 그럼 결혼에 대해서는 어떻게 생각하는가? 이번 여름에 개봉한 영화 '머티리얼리스트'에서는 왜 결혼을 하는 걸까라는 질문에 이렇게 답한다.

존: 사람들은 결혼을 왜 하는 걸까?
루시: 다들 해야 한다고 말하니까.
그리고 외로우니까.
그리고 희망에 가득 차있으니까.
자기 부모들과는 다르게 살고 싶은 거지.[4]

소설 '모순'과 영화 '머티리얼리스트'. 각각의 발표 연도는 1998년과 2025년, 공간적 배경은 대한민국과 미국 뉴욕이다. 두 작품이 하고자 하는 이야기는 다르지만 결혼을 엔딩으로 하는 삼각관계라는 점에서 유사한 부분이 있다.

영화에서 루시는 사랑이 전제되어야 결혼할 수 있다는 결론을 깔끔하게 내리며 존을 선택한다. 나도 결혼은 사랑해서 하는 것이라고 생각한다. 그런데 내가 만약 루시라면 해리도 좋고-왜냐면 장우처럼 굉장히 배려심 있다-존도 좋다. 하지만 나의 현실에는 둘 다 없다. 루시는 영화 속 판타지고 '소피'가 나의 현재인 셈이다. 사랑을 하고 싶은데 사랑할 사람을 찾지 못하고 있는 상태. 그러다 보니 결혼에 대해 왈가왈부하는 건 언감생심 같다.

그리고 사회가 결혼에 대한 말들을 많이 하지만 나는 결혼이 보편적으로 이렇다 할 수 없는, 언제나 각자만의 이야기가 있는

---

4 「머티리얼리스트」, 셀린 송 감독, 2AM, 킬러 필름스 제작, 2025.

개인적인 일이라고 생각한다.

마지막으로 사랑. 영진이 해리와 존, 둘 다 좋다고 말한 것처럼 영화 속 해리를 보면 저 정도면 루시를 정말로 사랑하는 거 아닌가 싶다. 하지만 루시는 해리에게 단호히 난 당신을 사랑하는 게 아니고 당신도 나를 사랑하는 게 아니라고 말한다. 루시에게 사랑은 '가끔 우리 인생에 걸어 들어오는 무엇'이다. 우리가 어떻게 못 하니 오히려 쉽다고 말한다. 해리가 주는 물질적 풍요에 잠시 흔들리긴 하지만 그래도 그녀에게 해리는 사랑이 아니다. 오직 존만이 그녀도 사랑이 가능하단 걸 알려주는 유일한 사람이다.

   진진에게 사랑은 결코 쉬운 게 아니지만 사랑임을 느끼고 정의 내리는 방식은 루시와 비슷해 보인다.

끝까지 달려가고 싶은 무엇, 부딪쳐 깨지더라도 할 수 없다고 생각하게 만드는 무엇, 그렇게 죽어버려도 좋다고 생각하는 장렬한 무엇. 그 무엇으로 나를 데려가려고 하는 힘이 사랑이라면, 선운사 도솔암 가는 길에서 나는 처음으로 사랑의 손을 잡았다.[5]

진진은 장우와 함께하는 순간 '이것이 사랑이다'라고 결론을 내린다. 그리고 이후 계속된 고찰 끝에 있는 그대로의 나를 아무렇지도

---

5   양귀자, 『모순』(1998), 쓰다, 2013, 195쪽.

않게 보여줄 수 있는 영규는 사랑이 아니고, 보다 나은 나를 보여주고 싶게 하는 장우가 사랑이라고 말한다.

자연스럽게 생겨나는 무엇, 그 사람이 가진 단점을 모두 견딜 수 있게 만드는 무엇. 그 무엇을 느끼게 하는 사람과 160억짜리 아파트를 가진 사람이 있다면 나도 전자를 택할 것이다. 하지만 역시 어렵다. 무엇이 대체 무엇이냔 말이다!
    나는 자꾸만 마주칠 수 밖에 없는 상황 속에서 정이 생기고 호감이 생기고 그 다음이 사랑이라고 생각한다. 적당히 내보이고 숨기면서 같이 있는 게 편안하면 좋겠다.

1부
두 번째 이야기

편안함과 설렘 사이:
영화 '우리도 사랑일까(Take This Waltz)'
박재홍과의 대화

영화 '우리도 사랑일까'의 상황을 간단하게 말하자면, 마고와 루는 5년차 부부인데 마고가 새로운 남자, 대니얼과 사랑에 빠진다.

재홍: 솔직히 마고 너무 짜증난다. 마고는 그저 혼란스러워하고 싶고, 어찌할 바를 모르고 싶은 것처럼밖에 보이지 않는다. 스스로의 감정에만 빠진 채로 이도 저도 아니다. 공항에서부터 싫었다!

공항 장면은 극초반부인데 거기서부터 싫었으면 그냥 싫어하기로 마음 먹고 영화를 본 것 아닌가…? 내 생각은 이렇다. 어찌 되었든 마고와 대니얼이 서로에게 강한 끌림을 느낀 것까진 이미 벌어진 일이다. 그리고 그들 사이의 그 강한 끌림이 잠깐 지나갈 감정일지 진짜 사랑―여기서 진짜 사랑은 '영원한 사랑'이라고 보자―일지는 과격하게 말하면 마고가 죽기 전까지는 알 수 없다. 이런 상황인데 만약 마고가 대니얼과도 결국 똑같을 거라는 생각에서 루를 선택했다면 마고는 평생 등대만 상상하며 살았을 거다. 루의 소중함을 알고 그를 선택해야 루와 마고의 관계에 있어서는 해피엔딩일 수 있었을 텐데, 그렇게 선택할 수 있는 마고였다면 애초에 순간의 끌림을 지금처럼 키우지 않았을 거다. 그래서 내가 생각하기에 마고는 직접 경험해 봐야만 하는 상황이다. 영화에서는 '새것도 헌것이 된다'가 어떤 조언처럼 들리는데 만약 마고가 본인이 깨닫지 못한 채로 그저 남이 하는 조언을 따라 선택했다면 그때 나는 마고에게 짜증이 났을 거다.

  재홍은 이도 저도 아닌 마고가 싫다고 했지만 나는 그럴 수 밖에 없는 상태라고 본다. 그리고 마고와 대니얼 사이의 감정이 뭐든 간에 마고가 루를 배신한 건 명백한 사실인데 그 앞에서 벌써부터 대니얼과 천년의 사랑인 것처럼 굴었다고 생각해 봐라. 그게 더 화난다.

그런데 나는 마고가 주도적으로 문제와 부딪히지 않고 계속 고민만 한다는 점이 아쉽다. 만약 마고가 나에게 와서 고민 상담을 했다면 나는 선택지를 딱 세 개 줬을 거다. 1번, 대니얼을 잊고 루와의 관계 회복에 최선을 다해라. 2번, 루랑도 열심히 계속해서 농담을 주고 받고 대니얼이랑도 열심히 계속해서 몰래 만나라. 3번,

루에게 이혼을 통보하고 대니얼에게 가라. 그리고 고민하지 말고 지금 당장 셋 중 하나를 행동으로 옮겨라! 마지막 말이 가장 중요하다. 나는 고민하는 게 제일 싫다. 특히 감정에 대한 고민.

나는 영화가 그 고민의 시간을 잘 보여주고 있다고 생각한다. 고민 끝에 결국 3번을 택하지 않는가. 그럼 처음 택시에서 내렸을 때 결정했어야 한다는 말인가? 그때는 뭘 결정하고 말고 할 게 없다. 재홍이 말하는 감정에 빠져서 고민하는 것과 어떤 선택을 할지 고민하는 것 사이에 무슨 차이가 있는지 잘 모르겠다. 그리고 사랑에서 어떻게 감정에 대한 고민을 안 할 수 있는가.

감정을 따라가면서 어떤 행동을 해야 할지 고민해야 하는데 마고는 그저 '나 혼란스러워, 혼란스러워!' 하며 앙탈만 부리고 있다. 자신이 느끼는 감정에 대해 성숙하게 고뇌하는 게 아니라 외부로 표출하는 데에만 집중하고 있는 것이다. 나에게 그녀가 고민하는 모습은 그저 행동을 미루기 위한 핑계에 불과해 보인다.

    과거에는 나도 마고 같은 면이 있었다. 사랑의 총량은 보통 한정되어 있다. 총량을 100이라고 가정하자. 그리고 내가 A와 연애를 하고 있다고 치자. 그랬을 때 새로운 사람 B가 나타나면 나도 모르게 흔들린다. 그러다 보면 10이 B에게로 향하고 A와의 사랑은 90으로 떨어진다. 하지만 나는 바람 피우는 사람이 되고 싶지는 않다. 그래서 A와의 사랑에서 줄어든 10은 B가 등장했기 때문이 아니라 이 관계 자체에 권태가 온 것이라고 합리화한다. 그러면서 90도 충분한 가치가 있다는 사실은 외면하고 줄어든 10에만 집착하며 점점 더 A와의 사랑을 의심한다. 그러다 그 사랑이 50까지 떨어지면 내 행동에서도 마음이 드러나게 되고 결국 상대방도 알게 된다. 그때부터 나에게도 마고의 이야기가 펼쳐지는 것이다.

그러니까, 경험하면서 배운다. 그리고 마고가 더 싫어지는 이유도 바로 여기에 있다. 마고는 사랑이라는 감정의 상황에만 있는 게 아니라 결혼이라는 책임 관계 속에 있는데 이 모든 것을 이제야 배우고 있으니 정말 답답하다!

음… 사실 비슷한 얘길 하고 있는 것 같기도 하다. 그런데 나는 영화가 보여주는 과정을 통해 마고도 깨닫는 바가 있을 거라고 보고, 재홍은 어쨌든 아직 깨닫지 못한 상태의 마고가 짜증이 나고.

이건 어떻게 보면 재홍의 짜증과 같은 의견인 건데, 이 영화에서 굳이 교훈을 얻자면 결혼에 대한 가치관이 같은 사람과 결혼해야 한다는 거다. 영화 속 상황에서 절대적인 정답은 없다고 해도 나와 배우자 생각하는 답은 같아야 미래를 함께 그려나갈 수 있을 테니 말이다.

근데 여기저기서 좋다는데 감정에 빠지지 않기가 얼마나 어렵겠는가. 사실 마고가 좀 부럽다. 루도 마고를 좋아하고 대니얼도 마고를 좋아하고. 나는 그런 상황에 처해본 적이 없어서 그런지 그녀의 고민도 특권처럼 느껴진다. 어쩌면 부러워서 미워진 걸 수도 있다. 나도 한번쯤 그 상황을 겪어 보고 싶다.

그럼 아까 1, 2, 3번 중에 몇 번을 고르겠는가.

2번을 골라보겠다!

나도 마고 옹호는 이제 그만하고… 영화 초반에 루의 누나가 마고와의 대화에서 한 말이 굉장히 인상 깊다.

> *진짜 도움 안 되는 게 뭔지 알아?*
> *읽는 책마다 금주는 결국 실패한다는 얘기뿐이야.*
> *난 잘 견디고 있는데 결국 실패할 거라면서*
> *누군가 눈을 부릅뜨고 지켜보고 있는 것 같아.*[1]

나는 이 대사가 영화 전체를 관통하고 있다고 생각한다. 중후반부쯤 루의 누나는 금주 성공 파티도 열지만 결국 영화 마지막에 술에

---

1 「우리도 사랑일까」, 세라 폴리 감독, 2012, 루의 누나, 제럴딘의 대사.

취한 모습으로 등장한다. 그리고 마고에게 자신이나 그녀나 별 차이 없다고, 마고가 느끼는 인생의 빈틈을 일일이 다 메울 순 없다고 그녀를 비난한다.

마고가 대니얼을 선택함으로써 그녀 인생에 증명해야 할 게 하나 생겼다는 생각이 들지 않는 건 아니다. 루와의 약속을 저버리고 대니얼을 선택함으로써 그녀에게 지어진 무게. 대니얼을 포기하고 루를 선택했다 하여도 또 다른 무게가 지어졌겠지만 그 무게보다 전자의 무게가 더 무거울 것 같다는 생각 역시 든다.

그런데 무엇을 누구한테 증명하나 생각해 보면, 또 그런 건 없다고 생각하게 된다. 증명해 낸 결과 하나가 삶이 아니라 흐르는 시간을 어떻게 보내느냐가 삶이지 않을까. 내 경험상 살면서 무언가를 증명해 내려고 하면 삶이 고달파 지는 것 같기도 하고……. 그래서 난 그냥 마음 가는 대로 사는 게 좋은 것 같다. 물론 자신의 선택에 책임은 지면서. 그런데 또 책임을 진다는 게 사실 마냥 마음 가는 대로 살 수는 없다는 말이기도 하니… 어렵다. (^^;)

여담인데 마고를 아오이 유우가 연기하는 버전으로, 재홍이 한 번 보게 하고 싶다. 그럼 마고에게 짜증 안 냈을 것 같다.

나도 보고 싶다. 그럼 짜증 안 내는 걸 넘어 응원했을 거다. 아오이 유우면 뭘 해도 응원해 줄 자신 있다.

**1부
세 번째 이야기**

**후회와 그리움:
영화 '먼 훗날 우리'**

메이와의 대화

영화 '먼 훗날 우리'는 젠칭과 샤오샤오의 이야기다. 2007년 섣달그믐[1], 둘은 베이징에서 고향으로 가는 기차에서 우연히 처음 마주친다. 그리고 10년 후, 2018년. 고향에서 베이징으로 돌아가는 비행기에서 다시 우연히 마주친다. 영화는 그 10년의 시간을 담고 있다.

메이랑 마지막으로 극장에서 함께 영화를 봤던 때가 생각난다. '**콰이어트 플레이스: 첫째 날**'(2024, 마이클 사노스키 감독)이라는 영화였다. 영화가 끝나고 눈물을 훔치며 옆을 봤더니 메이가 평소에는 절대 볼 수 없는 싸늘한 표정으로 앉아 있었다. 순간 생각했다. 아, 방금 이 영화가 메이에게는 '말이 안 되는' 영화였겠구나. 그 후로 메이의 영화 취향에 대해 나름 탐구 중인데 이 영화는 메이가 좋아할 것 같았다.

---

1 음력 12월의 마지막 밤(Chinese New Year's Eve).

메이: 좋았다! 현실적이고 공감가는 이야기다. 솔직히 초반에는 '샤오샤오는 남자친구가 있는데도 젠칭과 이렇게 가깝게 지낸다고?'라는 생각에 몰입하기 쉽지 않았지만 둘이 연인이 된 후부터는 괜찮았다. 무엇보다 젠칭과 샤오샤오의 풋풋함이 좋다. 귀엽고 사랑스럽다. 둘은 꿈을 품고 고향을 떠나 베이징으로 온 청춘이다. 샤오샤오는 베이징에 집이 있는 남자를 만나겠다 외치고, 실제로 그런 남자들과 짧은 만남을 반복하지만 젠칭을 만날 때는 다르다. 젠칭이 언젠가 말했던 하늘에서 별을 따고 바다에서 진주를 캐는 그걸 해줄 수 있냐고 묻는다. 조건을 따지지 않고 서로에게 서로가 전부인 저릿한 마음으로 시작하는 사랑이라 예뻐 보인다.

보통은 과거 회상 장면이 흑백이고 현재 시점이 컬러인데 이 영화의 연출은 반대다. 왜 그럴까 생각하고 있으면 영화 중반부쯤 비디오 게임을 개발 중인 젠칭이 친절히 그 이유를 설명해 준다.

샤오샤오: 이 게임 속에서 남자가 여자를 못 찾으면 어떻게 돼?
젠칭: 이언이 켈리를 끝내 못 찾으면 세상이 온통 무채색이 되지.[2]

함께여서 알록달록했던 과거부터 서로를 잃고 무채색이 된 현재까지. 젠칭과 샤오샤오의 관계는 계속해 변화한다.

---

2 「먼 훗날 우리」, 유약영 감독, 넷플릭스, 2018.

처음에는 서로 정말 사랑했는데 조금씩 조금씩 조금씩 변하다가 결국 헤어진다. 대체 왜 서로 쭉 좋아할 수는 없는 걸까? 왜 처음에만 불타오르고 유지가 안 될까? 점점 더 좋아져야지!

그러게 말이다. (우리처럼!)

맞다. ('우리처럼'도 적어 줘!) 서로를 생각하며 열심히 일하던 두 사람 사이가 틀어지기 시작한 건 춘절을 맞아 내려간 고향에서 친구들을 만난 후다. 친구들은 한때 젠칭과 같은 꿈을 꿨지만 하나 둘 돈과 현실을 이야기하며 베이징을 떠났고 어느새 고향에서 성공한 듯 보인다. 오랜만에 고향 친구들을 마주한 젠칭이 느끼는 감정은 자격지심뿐이다. 그리고 베이징으로 돌아가는 길, 젠칭은 샤오샤오에게 괜한 성을 낸다.

> *샤오샤오: 괜찮아. 그만 잊어.*
>   *돈이나 결혼, 집은 어차피 네 목표도 아니고*
>   *그런 건 신경 안 쓰잖아.*
> *젠칭: 네가 바라던 삶 아니야?*
> *샤오샤오: 이제 너랑 함께 사니까 그런 건 상관없어.*
> *젠칭: 이제 그런 건 상관없다니 무슨 뜻이야?*
> *샤오샤오: 그냥... 상관없다고.*

젠칭: 아예 나한테 기대도 안 한다 이거야?

샤오샤오: 네가 성공하든 말든 상관없어.

젠칭: 어차피 난 성공 못 할테니까?

샤오샤오: 그런 뜻이 아니잖아.

젠칭: 그 말이 그 말이지.

샤오샤오: 마음대로 생각해. 난 그런 뜻이 아니니까.

젠칭: 그럼 무슨 뜻인데?

샤오샤오: 네가 원하는 게 뭔지 생각해 봐.

젠칭: 그게 뭔데?

샤오샤오: 내가 그걸 어떻게 알아?
내 핑계 대지 말고
진짜로 네가 원하는 걸 생각해 보라고![3]

샤오샤오는 젠칭과 함께라면 주워 온 소파도 정말로 좋은 사람이다. 좋았던 그때처럼 계속 둘만의 길을 갔으면 되는데 젠칭은 그녀를 믿지 못하고 자격지심 속에 갇혀 점점 더 스스로를 망가뜨린다. 언제까지 망가지냐 함은 그녀가 그를 떠날 때까지다. 그렇게 결국 젠칭은 샤오샤오가 그를 떠날 수밖에 없게 만든다.

그 후 각성하여 경제적으로 성공한 젠칭은 아버지와 샤오샤오에게 베이징에 집을 샀으니 함께 살자고 말한다. 그러나 그때 젠칭과 샤오샤오가 나누는 대화는 과거 다투던 때와 달라진 게 없다.

---

3   같은 영화.

샤오샤오: 집이 없어서 널 떠난 게 아니야. 난 보금자리를 원했어.
젠칭: 알아. 사랑과 보금자리를 원했지.

이제 둘 다 줄 수 있어. 돈 벌어서 집도 샀다고.
네 소원대로 베이징에 집을 샀는데 이건 사랑이 아니야?[4]

여전히 돈이 문제였고 그러니 이제 사랑도 돈이 해결해 줄 거라고 생각하는 젠칭 옆에서 샤오샤오는 결코 행복할 수 없었을 것 같다. 이때 그가 자신이 가장 힘들었던 시간 동안 옆에 있어준 그녀에 대한 고마움과 미안함을 표현했다면 얼마나 좋았을까.

다시 몇 년이 흐르고 둘은 우연히 재회한다. 그때의 복잡한 감정을 미루어 짐작해 보면 젠칭은 샤오샤오를 놓친 것에 대한 후회, 샤오샤오는 그 시절 행복했던 사랑에 대한 그리움인 것 같다. 그러나 인생에 두 번의 기회란 없다. 헤어지면 끝이다.

동의한다. 영화를 보며 한창 감동 받고 있었는데 마지막에 *"이언은 영원히 켈리를 사랑해"*라는 문장이 뜨는 순간 '이언이 영원히 켈리를 사랑하면⋯ 그럼 젠칭 부인은?'이라는 생각이 들어 버렸다.

그래도 몇 년 만에 우연히 재회한 그들이 나누는 '이랬다면 어땠을까' 대화는 좋다. 이 대화가 말해 주듯 모든 경우의 수를 따져봐도 완벽한 해피엔딩 같은 건 없다.

---

4 같은 영화.

젠칭: 그때 네가 안 떠났다면 그 이후에 우리는 달라졌을까?

샤오샤오: 그때 네가 용기 내서 지하철에 올라탔다면 너랑 평생 함께했을 거야.

젠칭: 그때 우리가 안 헤어졌다면?

샤오샤오: 그래도 결국엔 헤어졌을걸.

젠칭: 만약 그때 돈이 많아서 큰 소파가 있는 큰 집에 살았다면?

샤오샤오: 네가 끊임없이 바람피웠겠지.

젠칭: 이도 저도 안 따졌으면 결혼하지 않았을까?

샤오샤오: 진작에 이혼했겠지.

젠칭: 네가 끝까지 내 곁에서 견뎠다면?

샤오샤오: 네가 성공 못 했을걸.

젠칭: 애초에 베이징에 안 갔다면?

샤오샤오: 네 바람대로 다 됐다면?

젠칭: 결국 다 가졌겠지.

샤오샤오: 서로만 빼고.[5]

그러니 소중한 이를 잃기 전에 미안하다고 말하고 더 늦기 전에 사랑한다고 말해야 한다. 후회하며 힘들어하는 것보다 끝까지 최선을 다하고 내 선택과 행동에 책임을 지는 게 오히려 편하다. 관계에 있어서도 마찬가지다. 우리는 꼭 잃어버리고 나서야 깨닫지만 언제나 후회하는 쪽이 힘든 법이다. 그러니 후회하지 말고 있

---

5   같은 영화.

을 때 잘하자!

메이가 그런 사람이라 자연스레 내가 그 영향을 받았나 보다. 나는 메이와의 관계에서 후회하고 싶지 않은 마음, 그래서 노력하는 자세를 배운 것 같다.

마지막으로, 젠칭과 샤오샤오의 관계만큼이나 그들과 린 아저씨(젠칭의 아버지)의 관계도 감동적이다. 뒤늦게 전해진, 샤오샤오에게 쓴 린 아저씨의 편지에 눈물이 흐른다.

인연이란 게 끝까지 잘되면 좋겠지만 서로를 실망시키지 않는 게 쉽지 않지. (…) 너희 둘이 함께하지 못해도 넌 여전히 우리 가족이란다. 샤오샤오, 밥 잘 챙겨먹고 힘들면 언제든 돌아오렴.[6]

나는 아직까지는 고향을 떠나온 느낌 없이 익숙하다. 부모님 생일 두 번, 명절 두 번, 그리고 엄마가 맛있는 거 먹으러 오라며 기차표를 끊어줄 때마다 고향에 내려가는데 내게는 힘들면 언제든 갈 수 있는 곳이어서 그렇다.

편지 속 린 아저씨의 마지막 말처럼 내가 처한 상황에 상관 없이 함께해 주고 보듬어 주는 게 사랑인 것 같다. 미래가 불안하고 방황해도 날 믿어주는 사람. 그런 사람과 함께하고 싶다.

---

6 같은 영화.

1부
네 번째 이야기

비극과 희극:
소설 '우미인초'
윤채림과의 대화

채림: 내가 무얼하며 시간을 보내나 생각해 보면 반은 직장, 반은 예능 시청이다. 나는 웃는 일에 최대한 많은 시간을 쏟고 코미디란 코미디는 전부 좋아한다. 그러다 최근에는 코미디에 대한 책까지 읽게 됐다. 그 책에 이런 말이 나온다.

> *카니발은 모든 것이 상대적임을 보여 주어 본질의 존재를 탈피한다. (…) 카니발적 웃음은 사회적 구조가 틀림없이 존재하는 것은 분명하지만 그것이 선재하지는 않음을 보여준다.*[1]

정상은 없고 모든 것은 상대적이라는 생각에 소설 **'우미인초'**가 떠올랐다.

---

1 Alfie Bown, 『Post-Comedy』, Wiley, 2024, 19쪽.

'우미인초'의 등장인물은 참 개성이 확고하다. 남성 인물 셋: 고노, 무네치카, 오노. 여성 인물 셋: 후지오, 이토코, 사요코. 그리고 그들의 부모: 무네치카 노인, 수수께끼 여인, 이노우에 선생. 마지막으로 신스틸러 아사이까지. 모든 인물이 제각각 다른 와중에 그들 사이의 차이가 각자의 개성을 더욱 뚜렷하게 만든다고 느껴진다.

이야기가 전개되며 점차 인물들 간에 복잡한 관계도가 그려지고 그 안에서 한 인물을 바라보는 다른 인물들의 시선은 꽤나 상대적이다. 우리가 그 인물들을 바라보는 것 역시 상대적일 것 같다.

나는 고노에게 나를 투영하며 읽었다. 내가 느끼기에 고노는 결론을 내리고 행동으로 옮기고 싶어 계속해 무언가를 기다리고 있는 듯하다. 나도 행동하기 전에 그렇게 행동해야 하는 이유를 알고 싶고, 이유를 찾는 시간만큼 선택을 내리는 순간이 멀어진다.

내가 선택하지 못하는 또 다른 이유는 선택을 하면 무언가가 변한다는 사실이 선택을 너무나 부담스럽게 만들기 때문이다. 생각하고 생각하다 보면 결국 아무 선택도 못 하겠구나라고 생각한다. 드라마 **"닥터후"**(BBC)의 **'좌회전 하라'**(시즌 4, 에피소드 11, 2008)는 도나가 닥터를 만나지 못해 지구가 점령되는 디스토피아 평행 세계선을 보여주는 에피소드다. 도나는 어머니가 원하는 안정적인 직업 면접을 갈지 자신이 원하는 인턴직 면접을 갈지 정해야만 하는 갈림길에 놓인다. 원래의 세계선에서는 인턴을 하려 좌회전을 하지만 평행세계선에서는 우회전을 한다. 그리고 그 하나의 결정이 눈처럼 불어나 영국이 국경선을 닫는 전시상황까지 가게 된다. 내가 느끼는 선택의 무게는 이 에피소드 같다.

이렇게 선택이 부담스러운 나에게 위안이 되는 건 **'해리 포터와 아즈카반의 죄수'**(2008, 알폰소 쿠아론 감독)가 보여주는 시간여행이다. 시리우스에게 디멘터의 입맞춤이 행해지기 전, 해리와 헤르미온느는 과거로 돌아간다. 그리고 그들에게 일어났던 상황을 그들 스스로 재현해 내며 정확히 과거로 떠난 그 시간으로 돌아온다. 결론적으로 하나의 꽉 닫힌 루프를 보여준다. 다른 선택을 해서 결말이 바뀐 게 아니라 결말은 원래부터 바뀔 운명이었다. 그리고 하나의 필연적인 결말로 향한다는 바로 그 점이 내게 위안을 준다.

다시 '우미인초'로 돌아오면, 무네치카는 생각 속에 사는 고노와 다르게 굉장히 현실 세계에 사는 사람이라고 느껴진다. 고노가 생각을 열 번 하고 행동을 할까 말까 고민하는 동안 무네치카는 냅다 행동을 열 번 하는 사람이다. 무네치카에게는 어떤 행위를 하는가가 가장 중요하고 자기가 옳다고 생각하는 행위를 하니 마음도 태평하다. 무네치카를 보면서는 내 친구가 생각났다. 나는 고노 같고 내 친구 은비는 무네치카 같다. 은비는 스무 살이 되고 알게 된 친구인데 사실 처음에는 나와 너무 다른 사람이라고, 성격이 안 맞다고 생각했다. 그런데 8년이 지난 지금은 가장 편하고 마음 가는 사람이다. 아직 책에 나오는 '제일의'가 무엇인지 정확히 모르겠지만 고노와 무네치카의 사이는 나의 은네치카 덕분에 본능적으로 이해가 간다.

고노와 무네치카가 등장할 때는 소설이 서술 없이 거의 대화로만 진행된다. 티키타카가 엄청나다. 한참 동안 그렇게 진행되다 보니 가끔 이 말을 누가 하고 있는 건지 헷갈릴 정도다. 그 둘은 사실 서로의 앞에서만큼은 '제일의'로 활동해 간담상조를 할 수 있기 때문에 서술 없이 대화로만 충분할 수 있는 게 아닐까 싶다. 나머지 조합이 보여주는 대화는 속마음 묘사를 안 해주면 안 되고.

    나는 오노에게 가장 마음이 간다. 오노를 한마디로 설명한다면 회피형 인물의 정석이라고 할 수 있다. 하지만 한 사람이 갖고 있는 하나의 성질 역시 어떻게 바라보느냐 그리고 어떤 상황에서 어떻게 발현되느냐에 따라서 달라질 수 있다는 생각이 든다. 오노를 회피라는 단어로만 설명한다면 그건 너무 단편적인 해석일 것 같다. 그는 인정이 있고 과거를 버릴 만큼 냉혹하지 못하지만 동시에 그래서 우유부단하다. 상상력이 무척 풍부해 시인으로서는 좋은 자질을 갖추었으나 그 때문에 이지의 활동에는 능하지 못하고 또 그 상상력을 바탕으로 모든 일을 헤아려 생각하다 위기일발인 상황에서 번민하는 것이다. 그리고 소세키의 탁월한 묘사를 읽다 보면, 평소라면 느꼈을 회피형 인물에 대한 단순히 싫은 마음—나와 닮아 있어서 싫은 마음―을 초월하여 정도의 차이일 뿐 사람은 누구나 회피하는, 적어도 회피하고 싶은 순간을 겪는다는 생각을 하게 된다.

> *주사위는 물론 자신이 던졌다. 주사위 눈은 분명히 나왔다. 루비콘 강을 건너지 않으면 안 된다. 그러나 아무렇지 않은 듯 태연히 강을 건넌 카이사르는 영웅이다. 보통 사람은 막상 무슨 일이 일어나기 직전에 다시 생각한다. 오노는 다시 생각할 때마다 꼭 그만두었으면 좋았을 거라고 후회한다.*[2]

그러다보니 처음 읽을 때는 후반부에 무네치카가 오노를 '구하려고' 왔다는 장면을 견디기 힘들었다. 우선 나는 회피보다 간섭이 더 싫다! 냅다 달려와 오노에게 간섭하는 행동 자체도 싫지만 나는 오노와 후지오가 서로의 가치를 알아 봐주는 잘 맞는 짝이라고 생각했기 때문에 더욱 그랬다. 그렇지만 한편으로는 둘이 잘 맞고 아니고를 떠나서 어찌되었든 오노에게는 언제나 그리고 영원히 이러기도 싫고 저러기도 싫은 마음이 강력히 자리잡고 있다는 생각이 든다. 그러니까 자신의 단점을 극복하기 위해 노력해야 한다는 측면에서 보면 어쩌면 정말로 무네치카가 오노에게 달려온 순간이 오노가 달라질 수 있는 마지막 기회였을지도 모르겠다. 그래서… 무네치카의 '간섭'도 이해가 된다.

---

2 나쓰메 소세키, 『우미인초』(1907), 현암사, 2014, 394쪽.

소설을 읽으면서는 다소 극단적인 캐릭터이더라도 현실의 주변인을 대할 때보다 이해심을 더 발휘하게 된다. 나는 그러면서 마음 쓰는 법을 넓히는 것 같다. 아마 이 소설을 읽다 보면 사람마다 더 공감가는 인물은 있을 테지만 이해가 안 되는 인물은 없지 않을까.

지금까지 남성 인물들이 교토와 도쿄를 누비는 동안 여성 인물들은 아버지나 오라버니가 데리고 나가지 않으면 6첩 다다미방에서 벗어나지 못한다. 그리고 남성들이 자신의 직업을 배경으로 삼는 동안 여성들은 가족에게 묶여 해석될 수밖에 없다. 20세기 초반이라는 시대적 배경에서 여성 인물들은 남성 친척이 있는 한, 선택의 기회가 오지 않는다.

빌런으로 묘사되는 후지오는 소세키가 생각하는 이상적인 사회를 위해 제거되는 대상이지만 가장 주체적이기도 하다. 좁은 방에서 머리만 굴려서 수수께끼 여자라고 묘사되는 어머니라도, 어머니가 키운 딸은 오노가 입밖으로 내뱉지 않으면 아직 사실이 되지 않았다고 생각할 때 자신을 데려가라고 정확히 말한다.

반면 사요코는 행동하기 보다 상상밖에 할 수 없는 딸이다. 대답도 똑바로 못하고 오래된 거문고도 못 버리는 딸이 답답한 아버지는 본인이 그렇게 키웠다는 사실을 깨닫지 못한다. 아버지의 걱정은 다그침으로만 나타나고 현실의 오노는 자신의 상상 속 오노와 다르게 변해 버려 사요코는 계속 주눅이 든다.

이토코 또한 아버지 아래서 자랐고 따로 교육을 받지 못해 후지오에게 무시 당하지만, 다정하고 여유 있는 그녀의 아버지와 오빠는 그녀에게 의견을 물어보고 존중해 준다. 그렇기에 이토코는 나서서 선택을 하진 않지만 이기는 일에 미련을 두지 않는다.

개성은 뚜렷하지만 물속에 잠잠히 있다고 느껴지던 인물들이 소설 후반부부터 결정해야만 하는 순간을 맞게 되며 수면 위에서 사건이 급전개된다. 오노는 후지오와 사요코 중 한 명을, 후지오는 오노와 무네치카 중 한 명을, 무네치카는 후지오를, 그리고 이토코와 고노는 서로를 선택하는 상황이 얽혀 있는 와중에 한 사람의 선택이 다른 사람의 선택에 영향을 주는 일이 연쇄적으로 일어나며 소설은 그 끝을 후지오의 죽음으로 한다.

소설에서 인물들이 이토록 다른 모습으로 드러나는 이유는 결국 삶에 대한 생각이 다르기 때문인 것 같다. 인간, 사랑, 결혼, 성공, 삶, 죽음 그리고 비극과 희극에 대한 생각 역시 상대적이다.

죽음을 마주할 자신이 있을 때만 옳은 삶의 방식을 가진다는 것이 고노와 소세키의 생각으로 보인다. 마지막장에서 고노가 무네치카에게 보내는 편지를 보면 남들을 우습게 보고 삶을 가볍게 여기는 것이 희극이고 죽음을 진지하게 고민하는 것이 비극이다. 그리고 소설의 마지막 문장이 되는, 무네치카가 영국에서 보내온 답장을 보면 이는 서구권의 근대사회를 경계해야 한다는 말 같기도 하다.

이곳은 희극만이 유행한다네.[3]

그러나 나에게는 후지오의 결말이 마냥 권선징악이라거나 불쌍하다고 느껴지지 않는다. 후지오가 삶을 가볍게 여겼기에 죽음을 쉽게 택했다고 하지만, 죽음이 어떤 사회적 금기(taboo)가 된 것 또한 만들어진 사상이다. 후지오의 선택도 인정할 수 있어야 하고, 그게 싫다면 선택 이전에 선택지가 있어야 함을 인정해야 한다.

내가 생각하는 희극은 인간 내면에 누구나 가지는 부족함을 보고 웃으며 인정하는 것이다. 내 동생은 모든 웃음은 비웃음이라는 그만의 철학을 가지고 있다. 일리가 있다. 다른 사람의 부족함을 보고 나의 부족함도 느끼는 게 희극이다. 비웃음이라는 건 나와 대상 사이에 급을 나누게 되는 것이지만 같이 웃을 수 있다면 그 수직관계가 깨질 수 있다. 나는 삶의 방향을 정하게 된다면, 같이 웃는 사람이 되고 싶다. 내가 느끼는 나의 부족함은 나를 비웃을 줄 모른다는 점에 있는 것 같다. 그리고 후지오도 그렇지 않았을까라는 생각이 든다.

---

3 같은 책, 435쪽.

2부
첫 번째 이야기

배척과 공존:
영화 '애니멀 킹덤'
빙빙과의 대화

지난 2월, 영화 '**애니멀 킹덤**' GV(Guest Visit)에서 이은선 영화 저널리스트가 영화를 설명하며 인용한 안토니오 그람시의 말이 아직도 기억에 남아 있다.

옛 세계는 죽어 가고, 새로운 세계는 태어나기 위해 몸부림치고 있다. 지금은 괴물들의 시대다.

영화는 원인 불명의 바이러스가 퍼져 '수인(獸人)'이 나타난 세상을 배경으로 한다. 주인공 에밀이 수인으로 변해 가는 과정을 따라 그와 그의 아버지 프랑수아를 중심으로 이야기가 전개된다.

처음에 프랑수아는 수인으로 변해 가는 아내를 '정상'으로 돌아오게 하기 위해서 치료하려는 태도를 갖고 있다. 그리고 점점 더 드러나는 아들의 증상 역시 억누르려 한다. 하지만 보호소의 진실을 알게 되고 진정한 사랑에 대해 다시 생각하며 변화한 모습을 보인다.

> *에밀: 엄마가 먹던 약이지?*
> *프랑수아: 처음엔 피곤할 거야.*
> *에밀: 그다음엔? 나도 침대에 묶을 거야?*
> *진짜 우린 어떡해야 해?*
> *프랑수아: 생각 중이야. 생각하고 있어.*
> *닥치는 대로 병원에 가두기만 하지, 미친놈들.*
> *아무것도 모르면서.*
> *노르웨이에선 영리하게 대처하고 있어.*
> *공존에 기반을 둔다고.*
> *양과 늑대가 함께 살도록 말이야.*
> *쫓고 쫓기고, 가두는 건 답이 아냐.*
> *협력해야 해, 협력!*[1]

그리고 영화 마지막에는 담담하게 보호소로 면회 오라는 아들에게 넌 보호소에 가지 않는다고, 어서 숲으로 달려가라고 외친다.

수인을 어떻게 대할 것이냐의 문제가 에밀에게는 본인의 문제, 프랑수아에게는 사랑하는 가족의 문제이다. 그들은 그래서 '아름다운' 태도를 보인다고도 할 수 있다. 배척과 공존의 갈림길은 타

---

1 「애니멀 킹덤」, 토마스 카일리 감독, 2023.

자를 위해 사유할 수 있는가에 달려 있다고 생각한다. 괴물이라고 불리는 수인의 비늘과 발톱이 다소 기괴하게 보일 수는 있지만 정말로 무서운 건 새로운 세계를 거부하고 타자를 두려워하며 배제하는 인간의 폭력성이다. 인간은 아직도 동물과, 그리고 다른 인간과 어떻게 공존해야 하는지 몰라서 시대는 계속해 혼란스럽고 비극은 끊임없이 반복되는 게 아닐까 싶다.

나와 다름을 두려워하는 게 인간의 본성인 것 같다. 그리고 그 성질이 인간을 나약하게 만들고. 그 두려움을 극복할 수 있다면 참 좋을 텐데.

이 영화를 보니 언젠가 소셜 미디어에서 유행했던 질문이 생각난다. '내가 바퀴벌레로 변하면 어떻게 할 거야?' 가장 혐오스럽다고 여기는 생물로 변했을 때 타인이 나를 어떻게 바라볼지, 그 사랑이 어디까지 이어질지 시험해 보고 싶은 마음일 것이다. 편집자는 이런 질문을 받으면 뭐라고 답하겠는가?

나는 정말로 상상의 나래를 펼치는 '만약에'는 좋아하지만 이 질문처럼 세계관도 없고, 듣고 싶은 답이 정해져 있는 '만약에'에는 상상력이 작동하지를 않는다. 그리고 안타깝게도 상대방이 듣고 싶어 하는 말을 해주는 따뜻함은 결여되어 있어서… 그냥 아무도 나에게 그런 질문을 던지지 않아 줬으면 좋겠다. (^^;) 빙빙은 그런 따듯함이 있는 것 같은데 뭐라 답하겠는가?

근데 나는 내가 이런 질문을 던지는 쪽이어서. (^^;) 정말 사랑하는 사람이라면 바퀴벌레로 변해도 내가 잘 보살펴 주면서 함께 살겠다고 답할 거다. 영화처럼 거대한 수인이라면 아마 자연으로 돌려보낼 것 같고. 그런데 막상 정말로 그런 상황에 놓이게 되면 또 다르게 행동할지도 모른다.

마지막으로, 영화의 전체적인 맥락과는 조금 동떨어진 얘기일 수 있는데 나는 에밀과 특별한 교감을 나누는 독수리 수인, 픽스의 나는 장면에서—물론 감동적이었지만—이상하게 마음이 무거워졌다.
    에밀은 숲에서 나는 연습을 하는 픽스를 보고 그러다 죽는다고, 안전하게 물 위에서 하라고 호수의 나뭇가지를 치워준다. 픽스는 그곳에서 수없이 물에 빠지며 계속해 연습한다. 그런데 픽스가 마침내 날아오르는 순간은, 숲 한가운데의 높은 나무에서 목숨을 걸고 낙하한 순간이다.
    픽스의 말처럼 그에게 나는 건 사느냐 죽느냐의 문제다. 내가 느끼기에 우리는 그런 태도에 '뭐가 그렇게 심각하냐'라고 반응하는 것 같다. 그냥 좀 못 날면서 살면 어떻냐고, 게다가 우린 날지 못하면 죽는 독수리가 아니라 인간이지 않냐고. 그리고 내 마음이 무거워진 이유는 나 역시 지금껏 한 번도 뭔가를 걸어본 적 없이, 여전히 지극히 안전한 물 위에서 연습만 하고 있다는 생각이 들어서다.

'손자병법'(손무)에 나오는 '置之死地而後生(치지사지이후생, 사지에 빠진 후에야 비로소 살아남을 수 있다)'라는 말이 떠오른다. 생각해 보면 나도 지금까지 어떤 일에도 필사적으로 매달려 본 적이 없다. 한 번쯤은 꿈을 위해 목숨을 걸어보고 싶기도 하다.

**2부
두 번째 이야기**

꿈의 대가:
영화 '애드 아스트라'
김윤수의 글

성인이 된 이후부터 지금까지 나는 건축으로 세상에 선한 영향을 주겠다는 꿈을 가지고 그 길에 매진해 왔다. 하지만 꿈꾸는 길이 항상 순탄치는 않다. 때로는 크고 작은 실패에 좌절하고, 가끔은 포기해야 하나 생각하고, 또 너무 높은 곳에 있는 꿈을 잡을 수 없을 것만 같아 허무함을 느낄 때도 있다.

나폴레옹의 롤모델은 줄리어스 시저였다. 줄리어스 시저의 롤모델은 알렉산드로스 대왕이었다. 그리고 알렉산드로스 대왕의 롤모델은 헤라클레스였다. 그런데 헤라클레스는 인간이 아니라 신이다. 즉 나폴레옹이 궁극적으로 추구하는 롤모델은 신인 셈이다. 그러나 인간은 신이 될 수 없다. 그의 꿈은 불가능하고 그가 욕망하는 궁극은 신화일 뿐이다.

점점 나이가 들어갈수록 이제는 누가 잘 살고 누가 못 사는지 분간이 가지 않는다. 20대에는 꿈을 가지고 사는 친구들이 멋지고 행복해 보였지만 지금은 오히려 그들이 꿈을 좇다 불안에 허덕이는 것처럼 보인다. 반면 일찍이 꿈을 내려놓고 적당한 선에서 안정적인 길을 찾은 친구들은 평화롭고 행복해 보인다.

오늘날은 바로크 시대와 비슷하다. 지긋지긋한 저성장과 문화적 매너리즘이 만연하고 미래에 대한 낙관이 어려운 시대다. 그래서 막연한 꿈보다는 일상에서 작은 행복에 만족하자는 콘텐츠가 지배적으로 생산되는 경향을 보인다. 이러한 경향에 크게 일조한 사람이 일본 소설가 무라카미 하루키이지 않을까. 문학은 강력하고, 하루키는 엄청난 영향력을 지닌 소설가이다. 나는 하루키의 문장을 좋아하지만, 그 특유의 혼자가 되길 좋아하는 것과 상실, 고독감, 소확행을 즐기는 정서가 젊은 사람에게 부정적인 영향도 미친다고 항상 불평했다. 큰 목표를 가지고 사는 것도 분명 가치가 있을 텐데, 요새는 너무 일상에서 작은 행복을 느낄 줄 아는 것만 좋은 것이라고 강조되고 이러한 콘텐츠가 꿈꾸는 용기가 없는 사람을 양산한다고 아쉬워 했다.

그런데 어쩌면 터무니없는 꿈을 과감하게 버리는 게 행복을 위해 중요할 수도 있겠다는 생각이 든다. 이제는 내가 추구하는 건축을 이해해 줄 수 있는 사람이 주변에 거의 없는 것 같다. 비단 건축에 한정되는 이야기는 아니다. 나의 꿈을 이해해 줄 수 있는 사람이 점점 줄어들고 있다. 아마 몇 년 뒤면 그런 사람은 한 명도

남지 않고 결국 나는 고독해질 것 같다는 두려움이 엄습해 온다. 지금까지 공부하는 즐거움으로 평생을 행복하게 살 수 있다고 생각했지만 요즘에는 정말로 혼자서 공부하고 책을 읽는 것만으로 죽을 때까지 만족할 수 있을지 잘 모르겠다. 이렇게 종종 허무함과 부조리함을 느낄 때면 영화 **'애드 아스트라'**[1]가 머릿속에 떠오른다.

주인공 로이의 아버지 클리포드는 우주 어딘가에 있을 거라 믿는 지적 생명체를 찾는 데에 그의 모든 삶을 헌신한다. 그는 가족을 뒤로하고 지적 생명체를 찾겠다는 꿈을 이루기 위해 달과 화성, 그리고 해왕성에 이르는 긴 여행을 떠난다.

그가 꿈을 좇는 모습을 보며 나 자신을 많이 투영했다. 20대 초반, 나는 르 코르뷔지에처럼 세상을 바꾸는 건축을 하기 위해서는 견문을 넓혀야 한다고 생각했다. 그래서 홀로 무턱대고 아무런 연고도 없는 지구 반대편, 독일로 갔다. 나 또한 그 긴 여정 속에서 지독한 고독과 허무를 느꼈다. 그리고 보이지 않는 꿈을 좇는 과정에서 소중한 가족과 친구들을 등한시했다. 그렇게 얼마나 많은 사람들을 실망하게 했을까.

현재 나는 다시 귀국했지만 과거 친구들과 연락하지 않는다. 지난 10년 동안 나와 친구들은 완전히 다른 사람이 되어 버렸고

---

1 Per Aspera 'Ad Astra'. 라틴어로 역경을 딛고 '별을 향해'라는 뜻이다.

나와 그들의 인생 궤도는 완전히 달라졌다. 같은 대한민국 땅에서 살고 있지만 서로 다른 세상에서 살고 있다. 꿈을 이루는 과정에서 고독을 자처하는 시간은 반드시 수반되어야 한다고 한다. 그렇지만 그 시간을 겪기 전의 나는 내가 외로움을 느끼는 사람일 거란 상상조차 하지 못했는데 이제는 때로 그 고독의 시간을 감당하기가 너무 힘들어서 이렇게까지 꿈을 향해 가야할지 스스로에게 질문하고는 한다.

그렇지만 꿈을 향한 나의 여정이 끝난 건 아니다. 심지어 지금은 독일로 떠난 것보다 훨씬 더 크고 위험한 도전을 하는 중이다. 왜 이런 무모한 도전을 멈추지 않는 걸까? 꿈을 추구하기 때문이다. 그런데 과연 그 꿈은 실체가 있는 것일까? 지금까지 꿈이 있다고 공공연하게 말하고 다녔지만 그 꿈이 도대체 무엇인지, 그리고 나는 도대체 어딜 향해 달려가고 있는 건지 잘 모를 때가 많다. 무엇을 그리 추구하고 있는 것일까? 알 수도 없는 무언가를 추구하다가 죽을 때 후회하게 되지는 않을까? 어쩌면 나는 클리포드처럼 실패자라는 소리를 듣기 싫어서 지금까지도 꿈꾸며 자위하고 있는 건 아닐까? 그러면서 내 옆에 소중한 것들을 등한시하고 있는 건 아닐까? 내가 꿈을 이뤘을 때 나의 선택이 옳았다는 것을 입증하고 싶은 걸까? 꿈을 이루는 순간은 정말 행복할까? 내가 원하던 대학교에 합격하고, 유명한 건축사무소에 취직했을 때 얼마나 행복했었지? 이 영화 마지막 장면처럼 카페에서 커피 맛을

음미하며 사랑하는 사람과 만났던 적이 언제였더라……?

나는 꿈을 재조명하며 초심을 잃지 않기 위해 지속적으로 노력했다. 그럼에도 불구하고 시간이 지나며 나 자신은 점점 바뀌고 내 주변 환경과 조건도 조금씩 바뀌고 있다.

영화 '**프란시스 하**'(2013, 노아 바움백 감독)에서 주인공 프란시스의 꿈은 발레리나이다. 그런데 영화 중반부에 접어들면 더 이상 발레리나가 등장하지 않는다. 그녀는 무대 바깥에서 발레를 기획하는 사람으로서 새로운 꿈을 키워 나간다. 프란시스의 삶 속에서 어느 순간부터 발레리나가 희석되어 가는 것을 보면 슬프기도 하지만 스스로 행복을 찾아가는 길 위에서 씩씩하게 세상과 타협해 가는 게 바로 어른이 되어가는 과정이지 않을까 싶다.

나는 아름다운 건축물을 설계하는 예술가형 건축가가 되고 싶었다. 나만의 창의성과 감수성을 표현하고 싶었다. 하지만 지금은 사회 윤리적 가치를 더 중시하며 도시 공공성을 회복하는 데 기여하는 건축가가 되고 싶은 마음이 훨씬 크다. 도시를 더 살기 좋게 만들고 싶다. 사람들이 행복을 누릴 수 있는 공간을, 사람과 사람이 만날 수 있는 열린 공간을 만들고 싶다. 더 이상 나만을 위해서 이기적으로 살고 싶지 않기 때문에 건축관도 바뀐 게 아닐까.

앞으로 내가 추구하는 건축이 여기서 또 어떻게 변할지 모른다. 심지어 몇 년 뒤엔 건축이 아닌 다른 무언가가 나의 꿈이 될 수도 있다. 이와 같이 끊임없이 변화하는 과정 속에서 하나만은 점점 분명해진다. 나 혼자만의 자아실현에 국한하지 않고 내 이름 석자가 희석될 지라도 공동체에 이바지하며 함께 꿈꾸고 싶다는 것.

더 이상 유명 건축물을 도장 깨기 하듯 답사하며 혼자 여행하고 싶지 않다. 그게 건축물이든 뭐든 누군가와 함께 여행하며 그 추억을 나누고 싶다. 성공과 실패를 공유하며 함께 기뻐하고 슬퍼하고 싶다. 내가 의지가 될 수 있는 사람이 되면서 때론 누군가에게 의지할 줄 아는 사람이 되고 싶다. 주변에 더 귀 기울이고 싶다.

삶이 어디로 흘러갈진 모르지만 걱정하지 않아요.
가까운 사람들과 의지하며 살면 되죠.
난 그들의 짐을 나누고 그들은 내 짐을 나누면서...
난 살아갈 거고 사랑할 겁니다. [2]

---

2 「애드 아스트라」, 제임스 그레이 감독, 리젠시 엔터프라이즈, 플랜 B 엔터테인먼트 제작, 2019, 로이의 마지막 대사.

2부
세 번째 이야기

무한한 가능성:
영화 '미스터 노바디'

김지은, 김민진과의 대화(Feat. 니모시)

태어나기 전에는 모든 걸 안다. 내 미래도 알고 있다. 망각의 천사가 입술에 손가락을 대어 윗입술에 자국이 남으면 그게 바로 모든 걸 잊었단 뜻이다. 그런데 천사가 니모만 빠트리고 지나갔다. 그렇게 과거뿐만 아니라 미래까지 기억하게 된 니모는 9살이 되고 처음으로 불가능한 선택을 해야 하는 상황을 맞게 된다. 이혼한 부모님 둘 중 누구를 따라갈 것이냐. 영화 '미스터 노바디'는 그 선택으로부터 펼쳐지는 주인공 니모 노바디의 각기 다른 아홉 가지 인생을 뒤섞어 보여준다.

기자: 선생님 이야기는 다 모순이에요.
  사람이 동시에 두 곳에 있을 순 없잖아요.
니모: 선택을 해야 한단 뜻이군.
기자: 지금 말씀하신 삶 중에 어떤 게 진짜죠?

니모: 이 모든 삶들이 다 진짜야.

모든 길이 다 올바른 길이지.

모든 것은 무엇이든 될 수 있었고

여전히 그만큼의 의미를 가졌을 것이다.[1]

118세의 니모 할아버지가 들려주시는 이야기, 지은과 민진은 어떻게 들었는가?

지은: 나는 상상이라고 생각한다. 정확히는 상상과 현실의 결합 ―각각의 인생들마다 현실인 부분이 일부 있고 나머지는 상상인 형태―라고 본다. 그런데 상상도 내 삶인 것 같다. 나는 기억이 삶이라고 생각하는데 내가 한 상상도 나의 기억으로 남아 있으니, 상상으로 생겨난 내 머릿속 세계도 내 삶이라고 할 수 있지 않을까.

민진: 그때 이랬다면 어땠을까하고 상상하는 온갖 가능성들에 더해, 내가 의식적으로 상상하지 못하는 가능성들까지 우리를 둘러싸고 있다고 생각한다. 영화에서 나비효과로 표현되는 가능성들 ―니모가 안나를 잃게 된 이유는 안나가 번호를 적어준 쪽지 위로 비가 내려서, 비가 내린 이유는 두 달 전에 실직한 브라질인이 공

---

1 「미스터 노바디」, 자코 반 도마엘 감독, 와일드 번치 배급, 2009.

장에 안 가고 달걀을 삶아서, 브라질인이 실직한 이유는 니모가 6개월 전에 청바지 가격을 비교한 후 더 싼 청바지를 사서 청바지 회사가 다른 나라로 옮겨가는 바람에-처럼 날씨를 비롯해 원자의 결합 같은 모든 우주적인 변화의 가능성이 우리 삶을 둘러싸고 있다. 영화는 삶 자체가 수많은 가능성의 집합일 뿐임을 사실적으로 보여준다고 생각한다.

나는 그 사실을 보여주는 것 자체가 위로가 될 수가 있다고 생각한다. 아홉 가지 인생 중 어떤 인생은 행복한 인생, 어떤 인생은 불행한 인생으로 나뉘는 게 아니라 모든 인생에 행복과 불행이 섞여 있다. 가능성은 무한하고 무한한 가능성들은 모두 나름의 희노애락이 있는 삶이기에 최선의 선택이랄 건 없다는 점이 나에게는 위로가 된다.

나도 사실적으로 보여준다에서 끝나진 않았고, 솔직히 위로가 됐다. (^_^) 우리가 기억을 인지하는 건 어떤 순간일까? 나는 주로 후회와 그리움을 열쇠로 무의식에서 기억을 꺼내 연다. 그리고 그렇게 열어본 기억은 여러 가능성을 만들어 낸다. 그동안 나는 후회가 만들어 내는 또 다른 나에 집착하며 스스로에게 화를 냈지만 이제는 후회 자체를 즐겨보자는 생각이 든다. 후회하는 나도 가능성 중 하나일 뿐이니까. 물론 후회할 일이 너무 많이 생기지는 않기를 바란다. 내 안에 내가 너무 많아도 힘드니까.

나는 내가 한 선택과 내가 하지 못한 선택에 있어 '비교하지마'가 아니라 '비교할 수 없다'라고 생각한다. 그리고 영화도 비슷한 얘길 하고 있다고 느꼈다.

    그런데 모든 삶이 다 진짜지만, 모든 길이 다 올바른 길이지만 영화의 마지막을 보면 니모의 '진짜 사랑'은 안나인가하는 생각이 잠깐 든다.

조금 아쉬운 부분이다. 니모는 결국 특정한 삶을 선택한 것일까? 그런데 사실 수많은 가능성 자체는 동등해도 '우리가 원하는' 가능성은 따로 있으니까. 그걸 표현했다고 생각한다.

안나라는 한 명의 인물보다는 사랑이라는 감정이 주는 임팩트를 말하고 싶은 것 같다. 인생은 놀이터일 뿐이고 남는 건 사랑이다!

영화 초반에 니모가 '왜 난 다른 사람이 아니라 나일까'라는 질문을 던진다. 영화와 함께 생각해 보면 엔트로피는 항상 증가하고, 선택은 되돌릴 수 없고, 그래서 어렵지만, 그렇다고 선택을 하지 않으면 모두 가능성으로 남을 뿐이다. 다르게 말하면 아무 선택도 하지 않으면 아무도 아니다. 니모 노바디(Nemo[2] Nobody)라는 이름처럼. 그럼 내가 하는 선택이 나라는 사람을 만드는 걸까? 그런데 영화 마지막에 니모는 이렇게 말한다.

아기 니모: 체스에서는 '추크츠방'이라고 말해요.
살 수 있는 유일한 방법은...
할아버지 니모: 가만히 있는 거지.
(니모 병실 창 밖의 도시가 부서져 사라지며 바다가 나타난다.)
기자: 바다네요.
니모: 아이가 없애고 있어. 이젠 필요 없는 게지.
이전에 선택할 수 없었던 건 무슨 일이 일어날지 알 수 없어서였어. 이젠 알게 되었으니 그 또한 선택할 수 없겠지.[3]

과연 우리는 언제 선택이란 걸 할 수 있을까? 그리고 우리는 왜 다른 사람이 아니라 나일까?

---

2   니모시와의 짧은 대화: 소설 '해저 2만리'(1870, 쥘 베른)에 나오는 선장이 네모(Nemo) 선장이다. Nemo는 라틴어로 '아무도 아닌'이라는 뜻이다. 육지 생활에 지쳐 세상으로부터 사라진 네모 선장과 그가 모는 잠수함을 거대 생명체로 알고는 선장이 있을 거라고 생각하지 못하는 세상. 선장 이름을 잘 지은 것 같다. 더 재밌는 건 Nemo를 검색해 보면 'Point Nemo'라는 곳이 있다. 도달불능점으로 이 세상에서 땅과 가장 먼, 외딴 곳이다. 심지어 어떨 때는 ISS(국제우주정거장)이 가장 가까운, 사람이 사는 곳이 된다. 그리고 이 Point Nemo의 Nemo를 해저 2만리의 네모 선장에서 따왔다고 한다.

3   「미스터 노바디」, 자코 반 도마엘 감독, 와일드 번치 배급, 2009.

살지 말지 결정하는 선택을 제외하고 나머지 선택은 전부 허상이라고 생각한다. 사실 우리 모두가 '추크츠방' 상태로 살아가며 그것만이 유일한 선택 아닐까. 그저 여러 가능성 중 하나가 실현되는 것을 우리가 선택이라고 부르는 건 아닐까. 물론 그 가능성들의 집합이 나와 한없이 가까운 무언가인 건 분명하다. 그리고 나의 가능성들과 너의 가능성들이 다르다는 것도. 그렇기에 적어도 나는 네가 아니라고 말할 수 있다.

나는 저 마지막 대사가 무척 인상에 남는다. 선택은 결국 예측 불가능성과 예측 가능성 사이에 놓인 딜레마임을 말한다고 생각한다. 그리고 내가 나라는 것 자체를 정의하긴 어렵지만 내가 너는 아니라는 건 분명하게 느껴진다. 정체성은 본질보다 차이에서 드러나는 게 아닐까 싶다. 타자의 존재가 오히려 나를 나로 느끼게 해주는 순간이 있다. 그래서인지 나는 '네가 아닌 어떤 존재'로 나를 알아가고 있다.

그리고 이 영화를 보고 나니 소설 '**불안은 자유의 현기증**'(테드 창, 『숨』에 수록)이 강렬하게 떠오른다! 소설에서 사람들은 다른 선택을 한 나를 확인하기 위해 두 평행우주 사이의 커뮤니케이션을 가능하게 해주는 '프리즘'을 작동시킨다. 그런데 그들이 프리즘을 확인하는 행위가 후에 더 나은 선택을 하게 해 줄 것 같지는 않다. 결과는 나의 선택 외에도 상대방의 선택을 포함해 내가 통제할 수 없는 수만가지 요인과 운에 좌우될 테니 어차피 랜덤일 것 같다.

그들의 행위는 내가 옳은 선택을 했다는 만족감을 느끼기 위한 일종의 도박이라고 생각한다. 그런데 사실 현실에서 대안을 확인할 수 없어 굉장히 답답하게 느껴질 때도 있다. 특히 내가 안타까운 것 중 하나는 소련이 붕괴되며 자본주의에 대한 대안을 확인할 수 있는 방법이 아예 사라져 버렸다는 것이다. 자본주의가 올바른 길로 가고 있는가를 생각하지 않고, 공산주의가 망하고 자본주의가 살아남았으니 자본주의가 맞는 거다라는 막연한 기대와 확신에 점점 더 파멸로 갈 수도 있다고 생각한다. 그런 측면에서 보면 대안을 확인함으로써 얻는 점도 있을 것이다.

후회 말고 반성은 꼭 필요하다고 생각한다. 뒤돌아 있는 시간이 길어지면 앞으로 나아가기 쉽지 않겠지만 그렇다고 앞만 보고 돌진하며 살 수는 없다고 생각한다!

결국 이 질문을 던지게 된다. 책의 뒷 표지에 적혀 있는 질문, '그리하여 당신은 어떻게 살 것인가.'

그렇게 물어보신다면, 저는 소소한 반항 하겠습니다!

2부
마지막 이야기

불가능한 선택과 자유의 관계:
영화 '매트릭스' 1-3편

이지상과의 대화

영화 '매트릭스'는 '우리가 현실이라고 믿는 이 세계가 사실 인공지능이 우릴 통제하기 위해 만든 가상 세계라면? 내가 진짜라고 느끼고 생각한 모든 건 매트릭스라는 신경 상호작용 시뮬레이션의 일부일 뿐이고 내 진짜 신체와 정신은 기계 안에 갇혀 잠들어 있다면?'이라는 물음으로 시작한다.

지상: 1편은 현실과 가상 세계의 구분이 가능한가 하는 일종의 동양적인 세계관을 갖고 있다. 장주인 내가 꿈속에서 나비가 되었는지, 내가 실은 나비인데 지금 꿈에서 장주로 있는지, 어느 것이 사실인지 나는 모른다.[1] 그러나 이 가상과 현실에 대해 이야기하는 건 이제는 조금 진부하다고 생각한다.

  2편부터는 메로빈지언과 아키텍트의 등장으로 세계관이 확장

---

1   장자, 「나비의 꿈(호접지몽)」.

되며 1편에서 일어났던 선택이 사실 예정된 수순의 굴레였다는 것을 보여준다. 이 지점에서 영화가 보여주는 선택은 자유의 문제를 건드린다.

철학자 셸링은 자유에 세 가지 층위가 있다고 하여 자유를 구분한다. 첫 번째, 가장 낮은 단계는 오늘 저녁에 뭘 먹을지 고르는 것과 같은 상태이다. 이 상태는 살아온 환경이나 사회로부터 사실은 선택지가 정해져 있다. 오늘 저녁 메뉴로 한 번도 먹어본 적 없는 메뉴를 선뜻 선택하지 않는 건 우리 삶의 환경이 선택의 폭을 좁혀주기 때문이다. 다시 말해 그렇게 자유롭지 않다는 뜻이다. 두 번째 단계는 환경, 사회, 윤리 같은 배경 없이 내가 정말 오롯이 선택하는 상태이다. 이 상태 역시 무언가 더 큰 의지, 신의 섭리가 있다고 가정하면 그렇게 자유롭지 않다. 세 번째, 최고 단계는 내가 신의 의지를 따라서 선택하는 게 아니라 신이 나를 통해 선택하는 상태이다. 즉 내가 신의 의지를 구현하는 존재가 되는 것이다.

두 번째, 세 번째 단계의 선택이 현실에서 가능한가?

첫 번째 단계 이상은 어렵다. 라캉의 이론으로 설명하자면 우리는 현실 세계를 벗어날 수 없다. 우리가 우리 삶을 구성하는 원리로부터 빗겨 나가려 하는 순간, 죽음이다. 국가의 법, 공동체의 규칙,

더 좁게는 사람들 사이에 지켜져야 할 은밀한 코드들—지금 이 카페에서 갑자기 소리를 지르면 안 된다!—을 벗어나는 순간, 우리는 배제된다. 일종의 죽음이다.

그래서 현실 세계에서 두 번째, 세 번째 단계의 선택은 가능하지 않다고 볼 수 있다. 모피어스가 네오에게 빨간 약과 파란 약을 내밀었을 때 빨간 약을 고르는 선택 역시 현실 세계라면 자살 행위이다. 그런데 영화는 네오가 빨간 약을 고르는 선택, 다시 말해 현실 원리를 벗어나는 선택을 보여준다. 나아가 3편에서 네오가 매트릭스 세계가 아닌데도 특별한 능력을 쓰게 되는 상태는 신의 의지가 네오를 통해 발현된, 셸링의 이론으로 치면 자유의 마지막 단계까지 갔다고 볼 수 있다.

영화를 보고 난 후, 나와 내 친구는 한동안 이런 대화를 하염없이 반복했다.

- 너 어떻게 할 거야?
- 너는?
- 모르겠어.
- 아니. 넌 사실 알아. 선택은 이미 했어.

2편에서 오라클이 네오에게 하는 말이다.

오라클: 사탕 먹을래?

네오: 내가 받을 걸 이미 알고 있나요?

오라클: 모르면 오라클이 아니지.

네오: 이미 알고 있다면 난 어떻게 선택을 하죠?

오라클: 넌 여기에 선택하러 온 게 아니야.

> *선택은 이미 했고*
>
> *그 선택을 한 이유를 알아내려고 온 거지.*[2]

2편은 이 대사를 시작으로 본격적인 이야기가 전개된다. 오라클은 자신이 하는 말을 믿을지 안 믿을지 역시 전적으로 네오가 판단해야 한다는 말과 함께, 선택은 이미 했고 선택한 이유를 이해해야 한다고 말한다. 영화를 보고 나면 그 말이 어떤 의미일까 계속 생각하게 된다.

셸링의 자유와는 또 다르게, 영화는 선택이라는 게 가능한가 하는 생각을 하게 만든다. 애초에 이렇게밖에 선택할 수 없었던 건 아닐까, 이 선택 이외의 선택은 처음부터 불가능했던 게 아닐까, 결국 무엇을 선택해도 네오는 시궁창 속에 떨어지지 않을까, 그냥 그대로 살기로 결정하는 것과 진짜 현실을 알기로 결정하는 것 사이에 그렇게 큰 차이가 있을까.

라캉은 어떤 상황에서 어떤 것을 선택해도 죽음뿐인, 일종의

---

2 「매트릭스2: 리로디드」, 더 워쇼스키스 감독, 빌리지 로드쇼 픽처스 제작, 2003.

뒤가 막힌 선택지를 소외의 벨(vel)이라고 한다. "돈이냐, 생명이냐!" 돈을 고르고 생명을 포기해도, 돈을 포기하고 생명을 골라도, 그 뒤는 죽음뿐이다. 생각해 보면 사실 무엇을 골라도 인생은 죽음이다. 우리는 보통 더 나아지기 위해 선택한다고 생각하지만 선택이 결국 별로 의미가 없거나 아니면 우리를 더 나쁜 쪽으로 이끈다면 우리는 왜 선택을 해야 할까. 그리고 영화는 왜 선택의 이유를 찾아야 한다고 말할까.

이때 나는 후에 선택을 왜 그렇게 했을까를 알아내는 게 더 중요하다고 생각한다. 스스로 왜 그런 선택을 했을까를 묻게 됐을 때, 선택의 결과를 가지고 다시 돌아가 선택의 이유에 대입시키는 작업, 그래서 그 선택은 나에게 필요한 선택이었다는 것을 보여주는 작업이 나는 인간의 삶에 필요하다고 본다. 미래는 불확실하고 확실한 건 내가 쌓아온 나의 과거니까, 과거를 더 단단히 해놓는 게 중요하다.

영화로 보면 1편이 그런 역할을 하고 있다. 네오는 빨간 약을 먹음으로써 결국 최악의 상황을 맞닥뜨리는데 마지막에 본인이 그 선택의 이유를 찾는다. "내가 'The One'이다." 그 믿음으로 본인의 선택을 끝까지 밀어붙인다. 그 믿음은 선택에 책임을 지는 행동이기도 하다. 그리고 스스로 온전히 책임질 수 있다는 것 자체가 자유의 기반이 된다고 생각한다. 책임지기를 선택하면서 스스로를 조금 더 힘들게 만드는 것. 그게 자유 아닐까. 그러니까 네오는 책임을 졌고 자유로운 거다.

문학에서는 이런 이야기를 한다. 선택은 불가능하다. 그럼 문학에서 진짜 선택은 무엇이냐. 선택지가 아닌 것, 불가능한 선택지를 고르는 게 선택이다.

말장난 같이 들릴 수도 있는데, 지금처럼 서로 맞장구 치는 건 대화가 아니고…

독백! (^_^)

그렇다. 사실 독백이고, 서로의 뜻을 어떻게든 전달하려고 치열하게 노력하지만 전달은 불가능한 게 대화다.

이와 비슷하게, 누군가 추천해준 오늘 저녁 메뉴 5가지 중 하나를 고르는 건 선택이 아니다. 그건 일종의 우연한 일치(coincidence)이다. 선택지 중 하나와 내가 우연히 맞아버린 것. 우연성에 좌우되는 결과로부터 소급적으로 인과관계를 대입한 것 뿐이다.

우리를 담보해 줄 수 없고 지켜줄 수 없는 선택지를 고르는 게 바로 선택이다. 소설 **'탁류'**(1937-1938, 채만식)에서 정 주사는 미두(米豆)를 일삼다가 자신의 딸 초봉을 은행원 고태수에게 시집 보낸다. 초봉은 얼마 지나지 않아 고태수가 비명횡사하자 장형보, 박제수에게 휘둘리는 삶을 살게 된다. 그러면서 초봉은 자신에게 선택권이 없다는 걸 깨닫는다. 아무것도 선택할 수 없다. 그러다 딱 두 가지를 선택한다. 첫 번째는 최악의 상황으로 떨어질 걸 아는데도 불구하고 장형보라는 망나니와 결혼하기로 선택한다. 이건 불가능한 선택이다. 초봉은 그 불가능한 선택을 선택한다. 두 번째는 장형보랑 살아보니 최악이다, 그래서 실랑이 끝에 장형보를 죽이기로 선택한다. 이 선택으로 사회에서 가장 아무것도 아닌 존재로 떨어질 걸 알지만 장형보를 죽이는 걸 선택한다. 이 역시 불가능한 선택이다. 문학은 그 불가능한 선택이 진정한 선택이지 않을까 하는 가능성을 제공하는 듯하다.

우리는 문학을 통해 현실이라면 왜 저럴까 라는 의문을 일으키는 사람들에 대한 시선을 달리할 수 있다. 아까 얘기한, 사람들 사이에 지켜져야 할 은밀한 코드를 지키지 않는 사람들. 물론 현실에서는 주변 사람을 힘들게 하는, 일종의 공동체 원리를 벗어난 행동을 하는 거지만 그 불가능한 행동을 한다는 것이 어느 차원에서는 문학적인 의미가 있다. 문학은 공동체의 원리, 제도의 교육이나 사회화를 위해서만 존재하지도 않고.

문학은 인간이란 무엇일까를 탐구하는 차원에서 불가능한 선택을 보여준다. 네오의 선택도 불가능한 선택이었고 우린 영화를 통해 인간이 선택할 수 없는 걸 어떻게 선택할 수 있을까 그리고 그 선택이 어떤 의미가 있을까를 생각하게 된다.

나는 그래서 문학과 영화가 좋다! 그리고 이 대화는 독백이래도 좋다.

에필로그

VS

선 택

다음은 등장작품 일부를 각색하여 만든 선택 상황이다. 당신이라면 어떤 선택을 하겠는가?

1. 소설 '레볼루셔너리 로드'에 기반함: 나는 매일 회사에 출근해 아무 일도 하지 않으며 그저 권태롭게 살아가고 있다. 딱히 달라질 의지도 용기도 없긴 하지만 그래도 현실은 불만스럽다. 그런 나를 보고 배우자가 외국으로 떠나자고 제안했다. 꿈꿨던 환경에서 다르게 살아보자고. 돈은 본인이 벌 테니 나는 나 자신을 찾는 일을 하라고. 나는 그 제안이 약간은 비현실적으로 들렸지만 알겠다고 했다. 그러자 신기하게도 기운이 났고 배우자는 떠나는데 필요한 일을 정말로 하나둘씩 처리하며 적극적인 모습을 보인다. 그런데 갑자기 우리 부부에게 아이가 생겼다. 그리고 회사는 내가 평소처럼 아무 생각 없이 처리한 보고서를 높이 평가하며 내게 신생 부서의 중요한 자리와 높은 연봉을 제안한다.

떠난다　　　　vs　　　　남는다

2. 소설 '**모순**'에 기반함: 지금까지 난 무언가에 사로잡혀 본 적 없이 그저 삶을 방관하며 살아왔다. 그러나 더 이상 그렇게 살지 않겠다 결심했고 결혼에 빠져보는 것으로 내 삶의 부피를 늘리기로 했다. 지금 만나는 두 사람 중 한 사람과 결혼할 것이다.

매번 먼저 연락해서 데이트를 제안하고 요즘 가장 핫하고 멋진 곳으로 데리고 다니지만 내 의견은 안중에도 없는 당당 연인의 청혼 수락하기	vs	평소에 모든 결정을 나에게 맡기지만 그만큼 내 편의를 중요하게 생각하고 자신에게 소중한 한 곳에 데리고 가 감동받게 하는 쭈글 연인에게 청혼하기

3. 영화 '**먼 훗날 우리**'에 기반함: 가난했지만 하늘에서 별도 따주고 바다에서 진주도 캐주겠다던 연인. 나는 그와 함께인 걸로 충분했는데 연인은 그런 나를 믿지 못하고, 돈 잘 버는 친구들과 본인을 비교하며 점점 자격지심에 빠졌다. 내가 말을 걸어도 헤드폰을 끼고 게임 모니터만 바라본 채 대답하지 않는 연인의 모습이 익숙해진 어느 날, 더 이상 그와 함께할 수 없음을 깨닫고 그를 떠났다. 그런데 연인이 각성하고 성공하여 돌아왔다. 그리고 내게 다시 만나자고 한다.

안 만난다   vs   다시 만난다

4. 소설 '**우미인초**'에 기반함: 어려서 부모 없이 살 적에 스승님이 나를 거둬 줬고 덕분에 공부도 할 수 있었다. 내심 스승님도 나도, 나와 스승님 자녀분의 결혼을 생각했다. 그 후 도시로 상경해 석사 논문으로 상도 받고 곧 박사학위만 따면 꽤 높은 지위가 될 수 있다. 그러던 중 대학 친구 동생 과외를

맡게 됐다. 내 매력까지 알아주는 그의 적극적인 구애에 부잣집 식구가 되어 승승장구할 꿈을 꾸는데 스승님과 자녀분이 나의 도움이 필요한 처지로 이곳에 왔다. 두 사람이 서로 마주쳐 상황이 곤란해 지기 전에 내 마음을 정해야 한다.

내가 아무것도 없어도   vs   내가 아무것도 없어서
좋다는 사람   좋다는 사람

5. 영화 '애드 아스트라'에 기반함: 나는 우주 비행사다. 나는 인간이 아닌 지적 생명체를 찾기 위해 우주에 내 모든 걸 쏟았다. 하지만 데이터는 그런 건 없다는 결론을 내렸다. 나는 인정할 수 없었다. 외부 통신장비를 고장 내고 우주 더 깊숙이 들어가 과학이 부인하는 존재를 찾아내기로 했다. 그런데 (지구 시간으로) 29년 전에 마지막으로 봤던 아들이 우주 비행사가 되어 집에 가자며 해왕성까지 나를 찾아왔다.

우주에 남는다   vs   지구로 돌아간다

6. 영화 '미스터 노바디'에 기반함: 지금은 2092년. 세포 재생술과 줄기세포 호환 돼지로 더 이상 인간이 죽지 않는 영생의 시대다. (화성으로 여행도 갈 수 있다!) 나는 이 세상의 마지막 자연 노화 사망 예정자다. 사람들은 나를 두고 자연사냐 생명 연장이냐로 여론 조사까지 실시하고 있다. 그리고 나는 오늘로 118살 생일을 맞았다.

자연사한다   vs   인위적으로 생명을 연장한다

등장작품: 책 속 책

작품 속에 등장하는 작품을 정리하는 난입니다. 등장작품을 감상한 후, 앞으로 감상할 작품 목록에 아래 작품들도 추가해 보세요!

문학 | 나쓰메 소세키, 『우미인초』, 1907.
@책 #안토니우스와 클레오파트라 #맥베스(셰익스피어) #(로세티) #(레오파르디) #화엄경 #이기주의자(메러디스) @미술 #운룡도(쓰네노부) @장소 #야와타노야부시라즈(일본 지바현)

리처드 예이츠, 『레볼루셔너리 로드』, 1961.
@책 #(이블린 워) #순순히 저 안녕의 밤으로 들지 마십시오(딜란 토머스) #태양은 다시 떠오른다(헤밍웨이) #아기 코끼리 바바 이야기(장 드 브루노프) @연극 #화석숲(로버트 셔우드) @음악 #Holiday For Strings(데이비드 로즈) @장소 #베튠 스트리트(미국 뉴욕)

양귀자, 『모순』, 1998.
@영화 #대부(프랜시스 포드 코폴라) @음악 #사랑 그 쓸쓸함에 대하여(양희은) #헤어진 다음날(이현우) #바람의 노래(조용필) @장소 #선운사 도솔암(전북 고창) @식물 #실꽃풀 #흰젖제비꽃 #큰들별꽃

영화 | 「매트릭스」, 더 워쇼스키스 감독, 1999.
@책 #이상한 나라의 앨리스(루이스 캐럴)

「미스터 노바디」, 자코 반 도마엘 감독, 2009.
@책 #(테네시 윌리엄스) @기타 #비둘기 심리 이론 #초끈 이론 #빅크런치

「우리도 사랑일까」, 세라 폴리 감독, 2012.
@음악 #Video Killed the Radio Star(버글스) #Take This Waltz(레너드 코헨) @장소 #큐 비치 #트리니티 벨우즈 공원(캐나다 토론토)

「먼 훗날 우리」, 유약영 감독, 2018.
@음악 #우리(천이쉰)

「애드 아스트라」, 제임스 그레이 감독, 2019.
@기타 #Surge

「애니멀 킹덤」, 토마스 카일리 감독, 2023.
@책 #(르네 사르) #페드르(장 라신) #햄릿(셰익스피어) @음악 #Elle est d'ailleurs(Pierre Bachelet) @기타 #성 요한 축제

「머티리얼리스트」, 셀린 송 감독, 2025.
@음악 #That's All(냇 킹 콜)

[굴뚝 제2호] 선택

기획·디자인 | 송서진
대화와 글 | 정영진, 박재홍, 메이, 윤채림, 빙빙, 김윤수, 김지은, 김민진, 니모시, 이지상
글과 편집 | 송서진
사진 | 이소민(2쪽)

발행일 | 2025.10.16
발행처 | 북인더북(Book in the Book)
발행인 | 송서진
출판등록 | 2025.05.12 (제2025-000027호)
Email | gulttuk.book@gmail.com
Instagram | gulttuk.book

제작처 | 열림씨앤피
판형 | 128 x 188 (mm)
용지 | (표지) 스노우지 백색 250g (내지) 모조지 미색 100g
글꼴 | (표지) **Noto Sans KR,** (내지) 나눔명조, Gothic A1, 나눔고딕

ISBN | 979-11-992864-1-2 (03810)
값 | 12,000원
ⓒ 2025. 북인더북(Book in the Book)

이 책은 텀블벅 크라우드 펀딩을 통해 제작되었습니다.
후원해 주셔서 진심으로 고맙습니다.